AF362699

LES

ÉCOLES MATERNELLES

(ANCIENNES SALLES D'ASILE).

EXPOSITION UNIVERSELLE DE 1889.

MONOGRAPHIES PÉDAGOGIQUES.

LES
ÉCOLES MATERNELLES

(ANCIENNES SALLES D'ASILE)

PAR

Mme PAULINE KERGOMARD,

INSPECTRICE GÉNÉRALE DES ÉCOLES MATERNELLES,
MEMBRE DU CONSEIL SUPÉRIEUR DE L'INSTRUCTION PUBLIQUE.

PARIS.

IMPRIMERIE NATIONALE.

M DCCC LXXXIX.

LES ÉCOLES MATERNELLES

(ANCIENNES SALLES D'ASILE).

L'ÉCOLE MATERNELLE DANS LA LOI DU 30 OCTOBRE 1886.
STATISTIQUE.

Les écoles maternelles sont, d'après la loi du 3o octobre 1886, des établissements de première éducation, où les enfants des deux sexes reçoivent en commun les soins que réclame leur développement physique, moral et intellectuel.

Les enfants peuvent y être admis à l'âge de deux ans révolus et y rester jusqu'à l'âge de six ans.

Aucun enfant n'est reçu dans une école maternelle, s'il n'est muni d'un billet d'admission signé par le maire et s'il ne produit un certificat de médecin, dûment légalisé, constatant qu'il n'est atteint d'aucune maladie contagieuse et qu'il a été vacciné.

L'enseignement dans les écoles maternelles comprend :

1° Des jeux, des mouvements gradués et accompagnés de chants ;

2° Des exercices manuels ;

3° Les premiers principes d'éducation morale ;

4° Les connaissances les plus usuelles ;

5° Des exercices de langage, des récits ou contes ;

6° Les premiers éléments du dessin, de la lecture, de l'écriture et du calcul.

Ces écoles maternelles, dont les unes sont *publiques* (c'est-à-dire inscrites au budget de l'État) et les autres privées, sont au nombre de 6,090 [1].

Ce nombre se décompose ainsi :

ÉCOLES MATERNELLES PUBLIQUES.

Laïques......................	1,950	
Congréganistes.................	1,647	3,597

ÉCOLES MATERNELLES PRIVÉES.

Laïques......................	250	
Congréganistes.................	2,243	2,493
Total.................		6,090

Les enfants qui fréquentent ces écoles maternelles sont au nombre de 761,691, ainsi répartis :

ÉCOLES MATERNELLES PUBLIQUES.

Laïques......................	295,057	
Congréganistes.................	248,783	543,839

ÉCOLES MATERNELLES PRIVÉES.

Laïques......................	12,819	
Congréganistes.................	205,034	217,853
Total.................		761,692

Aux termes de la loi du 30 octobre 1886, «nulle ne peut diriger une école maternelle sans être pourvue du certificat d'aptitude pédagogique.

[1] Ces renseignements statistiques sont extraits du rapport à M. le Ministre de l'instruction publique, sur le *Résumé des états de situation* de l'enseignement primaire pour l'année 1886-1887. (F. Buisson, directeur de l'enseignement primaire.)

« . . . Si la moyenne des présences dépasse le nombre de 5o enfants, la directrice sera aidée par une adjointe ».

Il y a dans les écoles maternelles 9,219 directrices et adjointes. En voici la répartition :

ÉCOLES MATERNELLES PUBLIQUES LAÏQUES.

Directrices. . . . . 1,950 ⎫
Adjointes. . . . . 1,622 ⎭ 3,572 ⎫

ÉCOLES MATERNELLES PUBLIQUES CONGRÉGANISTES.   5,996

Directrices. . . . . 1,647 ⎫
Adjointes. . . . .   777 ⎭ 2,424 ⎭

ÉCOLES MATERNELLES PRIVÉES LAÏQUES.

Directrices. . . . .   250 ⎫
Adjointes. . . . .   81 ⎭ 331 ⎫

ÉCOLES MATERNELLES PRIVÉES CONGRÉGANISTES.   3,223

Directrices. . . . . 2,243 ⎫
Adjointes. . . . .   649 ⎭ 2,892 ⎭

Total. 9,219

Le traitement moyen des directrices s'élève à :

Pour 1,950 directrices laïques à 937ᶠ 68ᶜ. 1,828,476ᶠ 00ᶜ
Pour 1,647 directrices congréganistes à 690ᶠ 85ᶜ 1,147,829 95

Le traitement moyen des adjointes s'élève à :

Pour 1,622 adjointes laïques à 753ᶠ 68ᶜ. 1,222,468ᶠ 96ᶜ
Pour 777 adjointes congréganistes à 576ᶠ 69ᶜ. .   448,088 13

En somme, le personnel des écoles publiques, tant laïque que congréganiste, soit 5,996 maîtresses, coûte à l'État la somme de 4,636,863 fr. 04.

LE DEVOIR DE LA MÈRE.

Cependant la mère doit faire l'éducation de son petit enfant; elle le doit pour elle-même d'abord, parce que la maternité ne saurait se borner au seul fait matériel et brutal de mettre un enfant au monde, mais qu'elle est faite de l'accomplissement de tous les devoirs quotidiens, de toutes les anxiétés souffertes, de toutes les joies savourées; elle le doit aussi pour son enfant qui ne trouve réellement qu'auprès d'elle les soins matériels délicats et incessants que réclame sa faiblesse physique, en même temps que la sollicitude éclairée et tendre nécessaire au développement de son intelligence et de son cœur.

La mère *doit* élever son enfant, et l'État, en lui fournissant le moyen de ne pas le faire, en l'encourageant pour ainsi dire à se décharger sur lui de son devoir le plus noble, l'amoindrit moralement, concourt au relâchement des liens de la famille, et il prive l'enfant de tout ce qui ferait ses premières années heureuses : la tendresse et la liberté.

Envisagée à ce point de vue, et plusieurs l'envisagent ainsi, l'école maternelle est une plaie sociale, et l'État, en l'inscrivant au budget pour une somme de près de 5 millions, fait une folie criminelle.

ET POURTANT L'ÉCOLE MATERNELLE EST NÉCESSAIRE.

Malheureusement, on ne peut, en examinant de plus près la question, juger ainsi l'action de l'État en ce qui concerne les écoles maternelles, parce que beaucoup de mères ne peuvent pas s'occuper de leurs enfants, et parce que beaucoup de mères ne veulent pas s'en occuper. Je laisse de côté une autre catégorie de mères : celles qui ne savent pas s'en occuper; celles-là ne sont inquiétantes que pour le présent; peu à peu elles apprendront. Nous attendons de nos écoles de filles cet heureux résultat.

Restent donc les deux catégories de mères que j'ai citées plus haut.

La situation économique, la nécessité de vivre et de faire vivre sa famille arrache brutalement, dans les grandes villes et dans les grands centres industriels, la femme aux occupations du foyer. Cette situation s'aggrave, en ce moment, plus qu'elle ne s'améliore, et il est à craindre que, pendant de longues années encore, un grand nombre de femmes ne soient obligées de confier à l'école le soin de leurs jeunes enfants.

Pour ces jeunes enfants des ouvrières des villes, l'école maternelle est indispensable; l'école maternelle est un bienfait.

La seconde catégorie des mères : celles qui ne veulent pas s'occuper de leurs enfants et qui par conséquent n'en sont pas dignes, est beaucoup plus nombreuse qu'on ne le croit; elle est le déshonneur de l'humanité. Voyez, dans certains quartiers pauvres, ces enfants restés seuls dans une chambre dont le désordre et la malpropreté trahissent l'incurie et la dépravation de la mère de famille; voyez par tous les temps et à toutes les heures (quelquefois même la nuit), d'autres enfants errant dans les rues, mendiant, déjà familiers de la boue; voyez dans les bras d'hommes ou de femmes, à figure hâve, des nourrissons loués pour exciter la compassion des passants; interrogez les membres des sociétés protectrices de l'enfance et, de ce que vous aurez vu, de ce que vous entendrez, résultera la conviction que, pour ces martyrs de parents indignes, l'école maternelle serait tellement essentielle, qu'il faudra la rendre obligatoire.

Pour conclure : en l'an de grâce 1889, l'école maternelle est un bienfait; malheureusement, elle sera peut-être encore un bienfait au second centenaire de la Révolution française. Ce qu'il importe, c'est d'en user avec mesure, c'est de la proscrire dans tout endroit où, n'étant pas utile, elle ne sert qu'à encourager la paresse des mères, c'est de la multiplier partout où il est prouvé que la mère ne peut pas s'occuper de son enfant, partout, aussi, où l'enfant souffre par l'immoralité de la famille; ce qu'il importe enfin, c'est de lui donner son véritable caractère d'asile maternel où l'enfant, à l'abri des dangers de la rue, à l'abri des dangers de la solitude dans une chambre malsaine, se développera dans la liberté et dans la joie, et, en faisant gaiement son métier d'enfant, sera normalement préparé à faire son métier d'homme.

L'ÉCOLE MATERNELLE PHILANTHROPIQUE.

Ce double caractère de refuge et d'éducation était dans l'esprit du fondateur des salles d'asile en France.

Oberlin recueillait les enfants dans des chambres spacieuses où ses « conductrices de la tendre jeunesse » les entouraient d'une sollicitude toute maternelle. Tandis que les plus grands apprenaient à filer, à tricoter, à coudre, tandis qu'on leur enseignait l'histoire sainte et l'histoire naturelle au moyen d'images, les petits jouaient ensemble. (Quel âge avaient-ils « ces petits ? » Cinq ans, six ans, peut-être, c'est-à-dire l'âge de nos « grands » de l'école maternelle actuelle.) Au printemps, en été, les conductrices amenaient les enfants dans la campagne, le long des haies et dans les bois ; elles leur faisaient trouver les plantes qu'elles leur avaient décrites. Pour leur faire prendre plaisir aux petits travaux rustiques, elles leur inspiraient le goût des fleurs. En leur enseignant à les dessiner, elles provoquaient le désir d'en cultiver eux-mêmes dans leurs jardins, où leurs parents leur accordaient volontiers quelque petit parterre pour y exercer leur activité.

La salle d'asile philanthropique a lentement, peut-être, mais elle a sûrement marché vers son but ; car la charité est, par essence, active et industrieuse.

D'abord, l'enfant devait y apporter dans son panier la nourriture pour la journée ; il devait y arriver vêtu, ou du moins couvert selon les exigences de la saison. Mais les fondatrices ne tardèrent pas à s'apercevoir que beaucoup de ces paniers étaient légers et que peu de vêtements faisaient leur office ; alors, soit par elles-mêmes, soit surtout à l'aide du comité de dames créé à peu près en même temps que les salles d'asile, les petits estomacs furent mis à l'abri de la faim, et les petits corps à l'abri du froid.

Ces libéralités avaient sans doute, alors, le caractère d'aumône, si antipathique à nos consciences républicaines ; mais sous ce rapport-là des progrès immenses ont été faits. Les distributions solennelles, puis les distributions en présence de tous les enfants ont été interdites ; peu à peu, la bienfaisance a remplacé l'aumône, puis la bienfaisance elle-même s'est chaque jour davantage enveloppée de discrétion.

Aujourd'hui la cantine scolaire fonctionne régulièrement

dans Paris. Elle est gratuite pour tout indigent. L'enfant ignore dans quelles conditions il est nourri ; ses camarades l'ignorent de même. C'est par centaines de mille que les repas se distribuent dans chaque arrondissement. Et Paris n'est pas la seule ville de France aussi maternelle pour les enfants des écoles : Bordeaux, Lyon, Saint-Étienne, Lille, pour ne citer que quelques grands centres, ont aussi des cantines ; de plus, ici l'on distribue du lait ; là des médicaments ; l'impulsion gagne aussi le vestiaire...

Nous commençons à comprendre ce que nous devons à l'enfance, et c'est une de nos fiertés. Quelques-uns nous accusent, il est vrai, de favoriser l'incurie des parents ; nous leur répondons que nous n'avons aucun espoir de convertir ceux qui sont indignes. Ce que nous espérons, c'est d'en diminuer le nombre par les écoles de garçons et de filles, de filles surtout. Des enfants ayant froid, des enfants ayant faim, des enfants négligés, des enfants maltraités, des enfants dépravés, c'est la honte d'un pays. Nous voulons nous laver de cette honte ; et si le pasteur du Ban-de-la-Roche revenait sur la terre, il serait certainement heureux de voir le but charitable de son œuvre si bien compris ; car, si notre idéal est loin d'être réalisé, ses espérances à ce sujet ont été dépassées.

LA MÉTHODE DES SALLES D'ASILE.

Nous sommes moins satisfaits de nous-mêmes quand nous envisageons, en éducateurs, les résultats des anciennes salles d'asile et même ceux de nos écoles maternelles actuelles ; l'œuvre est difficile, il est vrai, si difficile même que plusieurs sont tentés de la croire impossible ; quant à nous, nous persévérerons parce que nous avons la foi.

Le début avait presque réalisé notre idéal actuel : les petits enfants recueillis par Oberlin, jouant et cueillant des fleurs sous la surveillance des « conductrices », se développaient en liberté ; leur besoin d'activité était sauvegardé, leurs « occupations » étaient en rapport avec leur âge... C'était l'âge d'or de l'institution, parce qu'elle n'était encore ni organisée ni réglementée ; elle n'en avait pas besoin, d'ailleurs, les enfants étant réunis en petit nombre.

Les continuateurs d'Oberlin, MM^{mes} de Pastoret, Mallet, Millet, M. Cochin et plus tard Mme Pape-Carpantier, ont eu eux aussi, la noble ambition de placer l'enfant du pauvre dans d'excellentes conditions de bien-être matériel et moral ; cela saute aux yeux de tous ceux qui ont lu leurs écrits, et ceux d'entre nous qui ont approché Mme Pape-Carpantier, ne peuvent avoir aucun doute à cet égard. Recueillir les enfants, les mettre dans un milieu sain pour le corps et pour l'âme, a été incontestablement leur but précis. Malheureusement, soit que ces femmes bienfaisantes et M. Cochin et d'autres encore aient cru bien faire en réunissant le plus grand nombre possible d'enfants dans un même local ; soit que leur budget ne leur ait pas permis de multiplier les établissements ; soit aussi que les occupations rustiques des asiles du Ban-de-la-Roche, impraticables à Paris, n'aient pas pu, d'abord, être remplacées par d'autres qui auraient sauvegardé le besoin d'activité des enfants ; soit, enfin, qu'on n'ait pas vu du premier coup d'œil les défectuosités du système anglais, que Mme Millet était allée étudier sur place, la discipline toute spéciale, le cérémonial saugrenu, l'instruction mnémotechnique acquise par des procédés factices — que l'on a appelés la « Méthode des salles d'asile » — sont la négation absolue des principes d'Oberlin :

et sont à bon droit contestés par les éducateurs contemporains.

La salle d'asile, encombrée dès le début, par un trop grand nombre d'enfants, les a enrégimentés; elles les a casernés par centaines dans d'immenses salles dont les croisées s'arrêtaient à deux mètres du sol, comme dans les prisons: elles les a fait marcher tous soudés les uns aux autres par les épaules en longues chaînes... comme des forçats; elles les a alignés les uns contre les autres sur des marches de gradins ou sur des bancs rivés au sol; elle les a fait lever tous ensemble au claquoir; elle les a fait asseoir tous ensemble au claquoir; elle les a fait se moucher tous ensemble au claquoir; elle les a fait compter, réciter, répondre tous ensemble et toujours au claquoir.

Privé de la liberté de ses mouvements, sans cesse endormi par la routine, l'enfant n'a plus eu, à l'école, ni originalité, ni personnalité, chacun n'a plus été que l'un des anneaux de la chaîne, ou l'un des rouages de la machine inconsciente.

La « Méthode des salles d'asile » a évité les bousculades et le tumulte; elle a obtenu le silence; mais à quel prix! Elle a enfin mérité toutes les critiques dont l'accablent aujourd'hui ceux qui savent ce que l'on doit à l'enfance, car elle a visé le dressage au lieu de la culture des facultés de l'âme, — le moyen de faire de la psychologie avec une telle masse d'enfants! — Et elle a trompé enfin les maîtresses sur leurs propres aptitudes, car elle a permis de combler d'éloges, non pas celles qui connaissaient le mieux les enfants, mais celles qui, s'étant le mieux assimilé les procédés, leur faisaient le mieux faire l'exercice.

Dans la salle d'asile modèle créée en 1828, cette méthode était déjà appliquée; sans chercher bien longtemps, sans prendre beaucoup de peine, on la retrouverait encore ici et là.

Car il est difficile de se ressaisir quand on s'est laissé enserrer par la routine; et la preuve c'est que les efforts tentés depuis dix ans, surtout, pour rendre la vie aux enfants de nos écoles maternelles ont abouti à transformer ces écoles en écoles primaires et à organiser le surmenage intellectuel dont beaucoup d'enfants de 2 à 6 ans souffrent aujourd'hui.

Mais déjà du temps de Mme Millet on confondait le surmenage avec l'activité intellectuelle.

« On trouve dans les salles d'asile, écrivait-elle, ce qui n'est que trop ordinaire dans les collèges et dans la plupart des établissements d'éducation publique, c'est que les enfants les plus intelligents sont plus vivement stimulés que les autres, et que sur eux se concentrent les soins, les efforts et l'intérêt des maîtres. Pourquoi cela? C'est parce qu'ils obtiennent des succès dont on se fait honneur. Mais ces succès, comment les amène-t-on? et que produisent-ils dans l'âme, le cœur et la santé des enfants? D'abord, les moyens employés pour les obtenir sont, en général, peu conformes aux principes d'une éducation sagement dirigée, car c'est toujours l'amour-propre et l'orgueil cachés sous le nom d'émulation qui servent de stimulants. On a beau reconnaître que, dans les salles d'asile, l'attention et les soins doivent s'étendre à tous, et que tous doivent être traités avec une égale mesure de justice et d'intérêt, il est évident que peu de maîtres et de maîtresses sont à l'abri du reproche de s'occuper de préférence des enfants les plus intelligents et de toujours les mettre en scène quand il vient des étrangers. C'est un grand mal. Ces enfants doivent concevoir d'eux-mêmes une opinion trop favorable; ils doivent s'habituer ainsi à se voir apprécier plus que les autres, à leur être supérieurs, et tandis que cet effet funeste s'accomplit en eux, d'autres enfants dont les facultés intellectuelles sont proportionnées à leur âge et aux forces de leurs petits corps, sont laissés de côté, parfois dédaignés et humiliés par le parallèle qu'on fait entre eux et leurs camarades plus avancés. De là naissent la tristesse, le découragement et l'envie, la plus fatale disposition pour soi et les autres.

«Nombre de maladies sont aussi occasionnées chez les jeunes enfants par le travail forcé de leur intelligence, et par l'excitation d'esprit, d'imagination et d'impression qui est entretenue en eux. C'est donc par l'effet de cette conviction que nous redisons encore aux personnes qui s'occupent de la surveillance des salles d'asile, qu'il est urgent d'éclairer les maîtres et les maîtresses sur le danger de stimuler trop fortement l'intelligence des enfants. »

En parcourant certains journaux pédagogiques qui s'impriment aujourd'hui, le lecteur trouverait les mêmes observations répétées à satiété.

Faut-il en conclure que l'école maternelle soit inutile ou nuisible? Ce serait une folie, et même une folie antisociale. L'œuvre est d'une difficulté extrême, c'est incontestable, et il faudrait être inconscient pour se flatter de réussir du premier coup. Mais renoncer à une chose nécessaire parce qu'elle est difficile à obtenir n'est pas dans le caractère français; nous cherchons. Nous ne craignons pas de raconter nos tâtonnements parce qu'ils nous honorent, et en toute sincérité, nous affirmons que la méthode des salles d'asile est la seule arme redoutable que puissent manier les adversaires de nos écoles de la première enfance. Aussi travaillons-nous de tout notre cœur à la supprimer.

En même temps, nous rêvons d'autres progrès ; nous désirons que l'école maternelle, obligatoire, nous l'avons déjà dit, pour les enfants errants, ne retienne pas pendant la journée entière ceux dont les mères ne sont occupées au dehors que pendant quelques heures ; nous demandons, en revanche, qu'elle soit ouverte en permanence, même les jours de fête, pour les petits malheureux qui ne seraient pas soignés s'ils restaient chez eux ce jour-là ; nous demandons aussi qu'elle reçoive, pendant les heures de récréation, les enfants qui, élevés seuls dans leur famille, ont besoin de se mêler à des camarades de leur âge ; nous demandons enfin que l'on ne s'obstine pas à « faire la classe » à des enfants de 2 à 6 ans qui ne sont pas encore « matière scolaire » et nous sommes convaincus que, lorsque nos vœux seront exaucés, les préventions accumulées contre les écoles maternelles seront emportées comme la feuille sèche par la brise d'automne.

LES LOCAUX. — 1838-1886.

A quelle cause attribuer l'erreur qui, dès les premiers jours, a fait régner la torpeur dans ces asiles de l'enfance où l'on aurait dû voir s'épanouir la vie ?

A une seule : à l'ignorance où l'on était alors du petit être que l'on prétendait élever. Les besoins physiques de l'enfant, les possibilités de son intelligence, les trésors de son âme toute neuve étaient autant de régions inexplorées. L'enfant était comme un livre fermé. Depuis quelques années, surtout, le livre précieux a été ouvert ; quelques-uns

en ont dévoré les pages exquises, puis les ont reprises une à
une et les ont étudiées. Cette étude leur a fait mesurer l'abîme
qui sépare la méthode basée sur la psychologie enfantine,
des procédés de dressage contre lesquels nous protestons.

Elle a soulevé des questions auxquelles on n'avait jamais
pensé. Quand on ne connaissait pas l'enfant, tout était
assez bon pour lui; maintenant on commence à se douter
que rien n'est trop bon pour lui. Un monde nouveau s'est
révélé aux éducateurs; et il est aujourd'hui incontestable
pour eux que tout le mal est venu de l'ignorance d'antan.

C'est cette ignorance qui a inspiré les règlements relatifs
aux locaux :

ARTICLE PREMIER. Les salles d'asile destinées à recevoir les enfants seront situées au rez-de-chaussée, planchéiées ou *carrelées*, ou *airées* en *as-
phalte* ou en *salpêtre battu*, et éclairées des deux côtés par des fenêtres
qui auront leur base à *deux* mètres au moins du sol avec châssis
mobile.

ART. 2. La forme de ces salles sera d'un rectangle ou carré long
d'au moins 4 mètres de largeur sur 10 mètres de longueur pour cinquante enfants, et au moins 6 mètres de largeur sur 12 mètres de
longueur pour cent enfants, et d'au moins 8 mètres de largeur sur
16 à 20 mètres de longueur pour deux cents à deux cent cinquante
enfants. »   (*Arrêté du 24 avril 1838.*)

Les proportions de ces locaux permettaient à la « chaîne »
d'évoluer, mais rendaient impossible toute tentative d'observation individuelle, d'éducation par conséquent.

En 1855, on a compris que les enfants ne devaient pas
avoir les pieds sur le carreau, sur le bitume ou sur le salpêtre. Le décret du 21 mars exige des salles d'asile planchéiées. Il n'y aura toujours qu'une seule immense salle,
mais l'enfant n'y aura plus les pieds gelés.

En 1881, — on commençait à s'apercevoir, alors, que les petits enfants avaient été traités jusque-là avec trop de sans-gêne — l'école maternelle, construite au rez-de-chaussée, mais au rez-de-chaussée exhaussé de trois marches comprend :

1° Un vestibule formant salle d'attente pour les parents ;

2° Une ou deux salles d'exercices ;

3° Un préau couvert et fermé ;

4° Une cuisine pour préparer et réchauffer les aliments des enfants ;

5° Une cour de récréation avec petit jardin ;

6° Un abri avec privés et urinoirs pour les enfants ;

7° Un logement pour la directrice et, s'il y a lieu, un logement pour la sous-directrice.

Ce n'est certainement pas encore tout à fait l'idéal, vu surtout le nombre considérable d'enfants qui encombrent un même établissement, mais le progrès est incontestable. Malheureusement, il y a encore en France beaucoup d'écoles maternelles conformes aux décrets de 1855 et même de 1838 !

LE MOBILIER ET LE MATÉRIEL. — 1838-1886.

Le mobilier et le matériel des salles d'asile crient encore plus haut, peut-être, que les constructions, le peu de cas que l'on a fait, au début, des conditions essentielles au développement des enfants de deux à six ans.

Ces enfants recueillis dans la rue et qui avaient jusque-là été d'autant plus libres qu'ils étaient dans la rue, où leur imagination fertile en expédients leur avait fourni mille moyens de s'occuper, de s'amuser et par conséquent de se développer, ces enfants furent assis sur un mobilier immobile (cet adjectif accolé à ce substantif fait hurler la logique), implacablement rivé au sol. Pour matériel instructif, on inventa une série de choses accrochées aux murailles, c'est-à-dire trop souvent loin des yeux et toujours loin des doigts, auxiliaires indispensables de la vue pour les petits. Et même ce mobilier et ce matériel étaient-ils regardés comme un luxe. «Ces petites écoles, écrivait M. de Salvandy en 1847 dans son Rapport au roi, n'exigent pas de matériel de classe : quelques gradins ou bancs, des tableaux de lecture, des bouliers-compteurs, un tableau noir et quelques ustensiles de ménage suffisent le plus ordinairement. »

On a vécu longtemps sur cette idée, et malgré le chemin parcouru, malgré le zèle des éducateurs et des hygiénistes, zèle si généreusement encouragé par l'État, beaucoup de municipalités (c'est à elles qu'incombe le devoir de meubler et d'outiller les écoles maternelles), beaucoup de municipalités estiment que quatre murs, quelques bancs fortement cloués au sol, un gradin, un boulier-compteur, des tableaux de lecture, quelques images, beaucoup d'enfants et une ou deux maîtresses constituent une école maternelle digne de contenter les pédagogues et les hygiénistes les plus difficiles, les fervents les plus enthousiastes du bonheur des petits.

«A l'une des extrémités de la salle seront établies plusieurs rangées de gradins, au nombre de cinq au moins et de dix au plus, disposés de manière que tous les enfants puissent y être assis en même temps [1]; il y sera pratiqué

---

[1] J'en ai vu un jour *quatre cents* à Bordeaux (école congréganiste de la Bastide); ils exécutaient le roulis avec un tel ensemble que j'ai failli avoir le mal de mer.

deux voies, l'une au milieu, l'autre au pourtour, afin de faciliter le classement, le mouvement des élèves et la circulation de leurs aides [1]. Des bancs fixés au plancher seront placés dans le reste de la salle, avec un espace vide au milieu pour les évolutions... »

(Arrêté du 24 avril 1838.)

« Il y aura *autant que possible*, près de la salle d'exercices, une autre salle spécialement destinée aux repas et servant de chauffoir pour l'hiver; on y disposera des planches pour recevoir les paniers des enfants, des bancs mobiles, des écuelles et autres ustensiles nécessaires. »

Quant à des tables pour poser les « écuelles et les autres ustensiles nécessaires », il n'en est pas question; les enfants mangent sur leurs genoux au réfectoire, comme ils écriront sur leurs genoux dans la salle d'exercices.

En 1855, la cérémonie du gradin devient plus difficile, — sans pour cela décourager, hélas! les trop routinières bonnes volontés, — car il n'est plus question de la voie du pourtour; « il est réservé au milieu de chaque gradin un passage destiné à faciliter le classement des enfants ».

En revanche, la sollicitude pour les paniers s'accentue.

« Dans la salle destinée aux repas, des planches sont disposées le long des murs, et des patères ou crochets sont fixés au-dessous pour recevoir les paniers des enfants et les divers objets à leur usage. Chaque planche est divisée par une raie, en autant de cases qu'il y a d'enfants. Des nu-

---

[1] Il faut avoir vu le cérémonial de la montée au gradin et de la descente, pour se faire une idée des prescriptions grotesques de la Méthode; il faut aussi avoir inspecté les écoles maternelles pour se rendre compte de la façon dont la Méthode est enracinée.

méros correspondants aux numéros des paniers sont peints au-dessus de chaque case. »

Les enfants continuent donc à manger sur leurs genoux et à renverser souvent leur écuelle sur leur tablier..., car les serviettes sont encore inconnues.

Ce n'est qu'en 1882 que l'on voit apparaître enfin ces tables que nous considérions comme essentielles. En effet, à compter de 1882, le mobilier du préau comprendra :

« 1° Des portemanteaux pour les vêtements et des rayons à claire-voie disposés le long des parois ;

2° Deux ou trois lits de camp en bois ;

3° Des bancs fixes avec dossiers établis au pourtour ;

4° Des *tables et des bancs mobiles pour les repas des enfants.* »

Malheureusement ce n'est guère, — sauf quelques honorables exceptions — que sur le papier que les tables sont apparues. Beaucoup de municipalités continuent à laisser les enfants manger, écrire et dessiner sur leurs genoux, et beaucoup de maires et d'adjoints paraissent au moins étonnés qu'on veuille donner aujourd'hui aux enfants du peuple un « confortable » dont les bourgeois ont été autrefois privés.

Quoi qu'il en soit des résultats obtenus, le règlement de 1882 atteste les préoccupations du législateur au sujet de l'hygiène et de l'éducation; il mérite, à ce titre, d'être cité presque *in extenso* dans cette monographie des écoles maternelles.

Nous avons énuméré plus haut les sept parties constitutives d'un local d'école maternelle, d'après les dispositions du décret du 2 août 1881. Voici maintenant les conditions générales d'établissement :

« ARTICLE PREMIER. Le terrain destiné à une école maternelle doit être central, dans de bonnes conditions d'aération, d'un accès facile et très éloigné de tout établissement bruyant, insalubre ou dangereux, à 100 mètres au moins des cimetières.

Le sol, s'il est humide, sera assaini par un drainage.

L'étendue superficielle du terrain sera évaluée à raison de 8 mètres environ par élève ; elle ne pourra toutefois être inférieure à 400 mètres.

Art. 2. La disposition des bâtiments sera déterminée d'après le climat de la région, en tenant compte des conditions hygiéniques, de l'exposition, de la configuration, des ouvertures libres sur le ciel, et surtout de la distance des constructions voisines.

Quand l'école maternelle fera partie d'un groupe scolaire, on évitera de la placer entre l'école des filles et l'école des garçons.

Art. 3. Tous les locaux à l'usage des enfants seront situés au rez-de-chaussée.

Le rez-de-chaussée sera exhaussé de trois marches de 0 m. 15 au-dessus du niveau extérieur.

. . . .

SALLES D'EXERCICES.

Art. 5. Lorsqu'il y aura deux salles d'exercices, elles ne pourront être contiguës. Elles devront être l'une et l'autre en communication avec le préau couvert, soit directement, soit par des couloirs ou galeries d'au moins 1 m. 50 de largeur.

Art. 6. Les salles d'exercices sont rectangulaires. Leur surface sera calculée de façon à assurer à chaque enfant un minimum de 0 m. 80. La hauteur sous plafond sera de 4 mètres ; la largeur maximum de 8 mètres.

Art. 7. Le sol sera parqueté en bois dur, scellé autant que possible sur bitume.

Toutefois, on admettra les bois de sapin et de pin dans les régions où ils sont seuls en usage, sous condition qu'ils seront employés par lames étroites et passées à l'huile de lin bouillante.

Si le plancher n'est pas établi sur cave, il sera posé sur une plate-forme ou couche de matériaux imperméables.

Art. 8. Les plafonds seront plans et unis. Une ligne indiquant le Nord-Sud y sera placée.

Il n'existera pas de corniche autour des murs; des angles formés par la rencontre des murs et cloisons seront arrondis sur un rayon de o m. 10. Tous les parements intérieurs seront revêtus d'un enduit lisse permettant de fréquents lavages.

Sur une hauteur de 1 mètre, le revêtement devra être en boiserie.

. . . .

Art. 10. L'éclairage par le plafond est interdit. Les fenêtres devront être établies sur les murs longitudinaux des salles d'exercices. Elles seront rectangulaires ou légèrement cintrées.

Le nombre en sera calculé, et les dimensions proportionnées de façon que la lumière arrive dans toutes les parties de la salle.

La distance entre le dessus du linteau et le dessous du plafond sera d'environ o m. 40.

L'appui, taillé en glacis sur les deux faces, ne sera pas à plus de 1 m. 20 du sol.

Les châssis seront, dans le sens de la hauteur, divisés en deux parties s'ouvrant séparément pour la ventilation.

Art. 11. On installera dans chaque salle un poêle pourvu d'un réservoir d'eau avec surface d'évaporation.

Ce poêle sera pourvu d'une double enveloppe métallique ou d'une enveloppe de terre cuite. Il sera entouré d'une grille en fer et ne contiendra ni four, ni chauffe-plats.

Le tuyau de fumée ne devra, en aucun cas, passer sur la tête des enfants.

Les enfants ne pourront être placés à une distance du poêle moindre de 1 m. 25.

Le poêle en fonte est interdit.

Art. 12. Des dispositions seront prises pour assurer, concurremment avec le chauffage, une ventilation convenable de toutes les parties de la salle.

Les orifices d'accès de l'air pur, qui devra être pris immédiatement à l'extérieur, et les orifices d'échappement de l'air vicié auront une section suffisante pour prévenir les obstructions.

Art. **13.** La surface du préau sera de o m. 8o environ par élève; la hauteur, de 4 mètres sous plafond. Le préau sera construit conformément aux prescriptions des articles 5, 6, 7, 8, 9, 10, 11 et 12 qui précèdent.

Le mobilier a été énuméré plus haut.

Art. **14.** Des lavabos seront installés à une des extrémités du préau, dans une partie fermée par une claire-voie de 1 m. 2o de hauteur, avec porte d'entrée et de sortie.

La hauteur des cuvettes, au-dessus du sol, ne dépassera pas o m. 5o. Il y en aura une pour dix enfants.

Le sol de cette partie du préau sera carrelé, cimenté, dallé ou bitumé.

COUR DE RÉCRÉATION. JARDIN.

Art. **16.** La surface de la cour de récréation sera calculée à raison de 3 mètres au moins par enfant; elle ne pourra toutefois avoir moins de 15o mètres.

Art. **17.** Le sol sera sablé. Le bitume, le pavage ou le ciment ne pourront être employés que pour les passages et les trottoirs. Les passages et les trottoirs ne feront jamais saillie.

Dans le cas où le terrain serait en déclivité, la pente ne devra pas dépasser o m. o3 par mètre.

Le nivellement du sol sera établi de façon à assurer l'écoulement des eaux. Les eaux ménagères ne devront jamais traverser les cours à ciel ouvert.

Art. **18.** La cour de récréation sera plantée d'arbres placés à distance convenable des bâtiments et disposés de façon à ménager l'espace nécessaire aux exercices et aux jeux des enfants. Un petit jardin pourra y être annexé.

Une fontaine d'eau potable sera établie dans la cour.

Des bancs en bois, à lames et à dossiers, seront établis au pourtour.

. . . . ”

Un règlement en sept articles concerne les privés.

Si le local de nos 3,500 écoles maternelles publiques était conforme au règlement de 1882, nous aurions lieu de féliciter les enfants qui, pendant trois ou quatre ans, y passent leurs journées, à la condition cependant que le mobilier fût en rapport aussi avec les exigences de leur développement et qu'il ne fût pas une entrave à leur bonheur.

Malheureusement, le gradin, simplement toléré par l'Administration, reste encore comme le fondement du système; — on y fait asseoir, «pour les y habituer» (pour les habituer à s'ennuyer), des petits de deux ans, — et il a été aggravé par l'invention des bancs-tables à deux places — fixés au sol, encore! — qui emprisonnent les enfants pendant tout le temps qu'ils ne sont pas en représentation sur leur amphithéâtre.

Les gradins ont transformé nos écoles maternelles en petites Sorbonnes; les bancs-tables ont appelé les cahiers, les pages d'écriture, les dictées; nos bébés sont en train de devenir «savants», au détriment de tout ce qui faisait leur joie et la nôtre....

Une nouvelle étape, — et décisive, celle-là, — s'impose. Il nous faut des tables, des tables tout court, de ces honnêtes tables où l'on est placé entre deux camarades, et où l'on a encore des camarades pour vis-à-vis; de ces bonnes tables qui permettent la causerie, où l'on se fait part de ses impressions, de ses découvertes, où les occupations en commun font jaillir de l'esprit des enfants ces radieuses étincelles, ces délicieux bons mots qui, bannis aujourd'hui de nos écoles, ne se trouvent que dans les journaux.

Auprès de ces tables *mobiles*, il faudra des chaises ou de petits fauteuils, *mobiles* aussi; il faudra que le mobilier fasse oublier l'école et rappelle la famille; il faudra qu'il

cesse enfin d'entraver la liberté, sans laquelle il n'y a pas
d'éducation possible.

Notre mobilier est à refaire.

LES PROGRAMMES. —— 1838-1886.

Le local aux fenêtres placées à deux mètres du plancher,
le mobilier rivé, le matériel absent ont institué réglemen-
tairement l'ankylose physique des petits recueillis dans les
salles d'asile et les écoles maternelles; le cérémonial de la
méthode et les programmes ont organisé l'ankylose intellectuelle. Ils n'en sont pas morts, ils n'en sont pas devenus
idiots, parce qu'ils avaient une bonne constitution physique
et que l'esprit français est invincible, mais les adversaires
ont beau jeu.

En 1837, il est imposé par décret que « les exercices des
salles d'asile comprendront nécessairement les premiers
principes de l'instruction religieuse et les notions élémentaires de l'écriture, de la lecture et du calcul verbal. On
pourra y joindre des travaux d'aiguille et *tous* les ouvrages
de main ! »

« Il y a dans les salles d'asile, dit l'arrêté du 24 avril
1838, trois sortes d'exercices ayant pour objet le développement physique, moral et intellectuel des enfants. »

Or le développement physique s'acquiert par des jeux et
par *les mouvements* auxquels donnent lieu les diverses leçons
indiquées par le règlement [1].

« Les exercices moraux tendent à inspirer aux enfants des
sentiments de piété envers Dieu, de reconnaissance et de

---

[1] Lisez : l'évolution de la chaîne, la montée aux gradins avec force
saluts.

respect envers leurs parents, leurs supérieurs, à les rendre
« doux », polis et honnêtes dans leurs relations avec leurs
camarades et, en général, avec les autres hommes. »

Les exercices intellectuels « sont exactement renfermés
dans les limites de l'instruction la plus élémentaire ».

En 1855, le programme se complique. Il comprend :

1° Les premiers principes de l'instruction religieuse, de
la lecture, de l'écriture, du calcul verbal et du dessin li-
néaire [1];

2° Des connaissances usuelles à la portée des enfants;

3° Des ouvrages manuels appropriés aux enfants;

4° Des chants religieux, des exercices moraux (?), des
exercices corporels [2].

Au premier abord, ce programme a l'air très anodin;
mais... : lisez le commentaire : les premiers principes d'instruction religieuse comprennent « surtout les premiers cha-
pitres du petit catéchisme »; les récits moraux « doivent
inspirer aux enfants un profond sentiment de reconnaissance
envers l'Empereur et leur auguste protectrice »; l'enseignement de la lecture comprend « les voyelles, les consonnes,
les syllabes de deux lettres, les mots de deux syllabes » [3]; et
les connaissances usuelles comprennent « la division du
temps, les saisons, les couleurs, les sens, les formes, la
matière et l'usage des objets familiers aux enfants, des notions sur les animaux et les plantes, sur les industries simples, sur les éléments, sur la forme de la terre, sur ses principales divisions, les noms des principaux États de l'Europe

---

[1] Il semble qu'on lit un programme d'examen pour le brevet élémentaire.

[2] Encore l'évolution de la chaîne et la cérémonie.

[3] C'est-à-dire que l'on pouvait faire lire à ces enfants le mot « rhytme »,
mais qu'il était interdit de leur faire lire le mot « confiture ».

avec leurs capitales, les noms des départements de la France avec leurs chefs-lieux, et toutes les notions élémentaires propres à former le jugement des enfants... », si tant est que le fatras qui précède ne les ait pas préalablement et irrémissiblement abêtis.

Quant aux travaux manuels, ils comprennent la couture (!!), le tricot, le parfilage selon les localités (?).

L'impulsion bienfaisante de 1881, due, ainsi que nous l'avons dit, à une conception nouvelle de ce que nous devons à l'enfance, ne s'est pas arrêtée aux locaux. Le législateur a d'abord sauvegardé l'éducation de tous, puis il a protégé l'intelligence et le bien-être des plus petits en divisant l'école maternelle « en deux sections suivant l'âge et le développement de l'intelligence des enfants ».

« Le programme de 1881 comprend :

1° *Les premiers principes d'éducation morale* (Ces principes d'éducation morale seront donnés dans les écoles maternelles publiques, non sous forme de leçons distinctes et suivies, mais par des entretiens familiers, des questions, des récits, des chants destinés à inspirer aux enfants le sentiment de leurs devoirs envers la famille, envers la patrie, envers Dieu. Ces premiers principes devront être indépendants de tout enseignement confessionnel);

2° *Les connaissances sur les objets usuels* (Ils comportent des explications très élémentaires sur le vêtement, l'habitation et l'alimentation, sur les couleurs et les formes, sur la division du temps, les saisons, etc.);

3° *Des exercices de langage* (Ils ont pour but d'habituer les enfants à parler et à rendre compte de ce qu'ils ont vu et compris. Les morceaux de poésie qu'on leur fera apprendre seront courts et simples);

4° Les premiers éléments du dessin, de l'écriture et de la lecture (L'enseignement du dessin comprend : 1° des combinaisons de lignes au moyen de lattes, bâtonnets, etc.; 2° la représentation sur l'ardoise de ces combinaisons et de dessins faciles faits par la maîtresse au tableau quadrillé; 3° la reproduction sur l'ardoise des objets les plus simples. La lecture et l'écriture seront, autant que possible, enseignées simultanément; les exercices doivent toujours être collectifs. L'enseignement du calcul comprend : 1° l'étude de la formation des nombres de 1 à 10; 2° l'étude de la formation des dizaines de 10 à 100; 3° les quatre opérations sous la forme la plus élémentaire, appliquées d'abord à la première dizaine; 4° la représentation des nombres par les chiffres; 5° des applications très simples du système métrique (mètre, litre, monnaie). Cet enseignement sera donné au moyen d'objets mis entre les mains des enfants, tels que lattes, bâtonnets, cubes, etc. Les enfants seront exercés au calcul mental sur toutes les combinaisons des nombres qu'ils auront faites);

5° Des éléments d'histoire naturelle (Ils comprennent : la désignation des parties principales du corps humain, des notions sur les animaux les plus connus, les végétaux et les minéraux usuels. Cet enseignement est donné à l'aide d'objets réels et de collections formées autant que possible par les enfants et par les maîtresses);

6° Des notions de géographie (Cet enseignement est descriptif; il s'appuie sur l'observation des lieux où vit l'enfant; il comprend : 1° l'orientation (points cardinaux); 2° des notions sur la terre et les eaux; 3° quelques indications sur les fleuves, les montagnes et les principales villes de France);

7° *Des récits à la portée des enfants* (Ces récits porteront principalement : 1° sur les grands faits de l'histoire nationale; 2° sur des leçons de choses);

8° *Des exercices manuels* (Ils consisteront en tressage, tissage, pliage, petits ouvrages de tricot. Les travaux de couture et tous autres travaux de nature à fatiguer les enfants sont interdits);

9° *L'enseignement du chant* (Il comprend les exercices d'intonation et de mesure les plus simples, les chants à l'unisson et à deux parties qui accompagnent les jeux gymnastiques et les évolutions. Les chants sont appropriés à l'étendue de la voix des enfants. Pour ces exercices, les directrices se serviront du diapason);

10° *Exercices gymnastiques* (Ils sont gradués de manière à favoriser le développement physique de l'enfant. Ils se composeront de marches, d'évolutions et de jeux choisis par la maîtresse).

Ce programme, qui nécessitait un matériel spécial[1], est incontestablement une sorte de renaissance de l'idée; chaque ligne est une protestation de la science pédagogique contre la routine; il a donné un coup mortel à la « méthode des salles d'asile ». Malheureusement, elle est lente à mourir, la méthode des salles d'asile! et, comme

---

[1] Le matériel d'enseignement de l'école maternelle comprend nécessairement :

Un claquoir, un sifflet.

Un ou plusieurs tableaux noirs, dont un au moins sera quadrillé; une méthode de lecture en plusieurs tableaux et plusieurs collections d'images; un nécessaire métrique, un boulier compteur, un globe terrestre et une carte murale de la France, des collections de bûchettes ou bâtonnets, des lattes, des cubes, une collection de jouets, des ardoises quadrillées d'un côté, unies de l'autre, un diapason.

suprême vengeance, elle a condamné bon nombre de maîtresses — aux prises avec des centaines d'enfants, ce qui leur
mérite toute indulgence, — à ne voir que la lettre de ce
programme, au lieu de s'en assimiler l'esprit. Aussi, malgré
des conseils éclairés et persévérants, malgré une courageuse
campagne des écrivains pédagogiques les plus appréciés,
malgré, surtout, une circulaire ministérielle, vrai chef-
d'œuvre dont les éducateurs de l'avenir pourront encore
s'inspirer[1]; les enfants de deux à six ans sont restés soumis, dans nos écoles maternelles, à un régime d'activité

[1] «L'école maternelle n'est pas une école maternelle au sens ordinaire du
mot : elle forme le passage de la famille à l'école; elle garde la douceur affec-
tueuse et indulgente de la famille, en même temps qu'elle initie au travail et
à la régularité de l'école.

Le succès de la directrice d'école maternelle ne se juge donc pas essentiellement par la somme des connaissances communiquées, par le niveau qu'atteint l'enseignement, par le nombre et la durée des leçons, mais plutôt par
l'ensemble des bonnes influences auxquelles l'enfant est soumis, par le plaisir
qu'on lui fait prendre à l'école, par les habitudes d'ordre, de propreté, de
politesse, d'attention, d'obéissance, d'activité intellectuelle qu'il y doit contrac-
ter pour ainsi dire en jouant.

En conséquence, les directrices devront se préoccuper beaucoup moins de
livrer à l'école primaire des enfants déjà fort avancés dans leur instruction
que des enfants bien préparés à instruire. Tous les exercices de l'école maternelle seront réglés d'après ce principe général; ils doivent aider au développement des diverses facultés de l'enfant, sans fatigue, sans contrainte, sans
excès d'application; ils sont destinés à lui faire aimer l'école et à lui donner
de bonne heure le goût du travail, en ne lui imposant jamais un genre de
travail incompatible avec la faiblesse et la mobilité du premier âge.

Le but à atteindre, en tenant compte des diversités de tempérament, de
la précocité des uns, de la lenteur des autres, ce n'est pas de les faire tous
parvenir à tel ou tel degré de savoir en lecture, en écriture, en calcul, c'est
qu'ils sachent bien le peu qu'ils sauront, c'est qu'ils aiment leurs tâches,
leurs jeux, leurs leçons de toute sorte, c'est surtout qu'ils n'aient pas pris en
dégoût ces premiers exercices scolaires qui seraient si vite rebutants, si la
patience, l'enjouement, l'affection ingénieuse de la maîtresse ne trouvaient

physique factice, fatal au développement de leur corps et à
un travail prématuré des plus nuisibles à leur développement intellectuel.

Favorisées par le mouvement presque irrésistible qui

moyen de les varier, de les égayer, d'en tirer ou d'y attacher quelque plaisir
pour l'enfant.

Une bonne santé, l'ouïe, la vue, le toucher déjà exercés par une suite gra-
duée de ces petits jeux et de ces petites expériences propres à faire l'éducation des sens; des idées enfantines, mais nettes et claires sur les premiers éléments de ce qui sera plus tard l'instruction primaire; un commencement
d'habitudes et de dispositions sur lesquelles l'école puisse s'appuyer pour donner plus tard un enseignement régulier; le goût de la gymnastique, du
chant, du dessin, des images, des récits; l'empressement à écouter, à voir, à
observer, à imiter, à questionner, à répondre; une certaine faculté d'attention
entretenue par la docilité, la confiance et la bonne humeur; l'intelligence
éveillée enfin et l'âme ouverte à toutes les bonnes impressions morales : tels
doivent être les effets et les résultats de ces premières années passées à l'école
maternelle avec une telle préparation; il importe peu qu'il y joigne quelques
pages de plus ou de moins du syllabaire.

Ces principes posés, quelle est la méthode qu'il conviendra d'appliquer
aux écoles maternelles? C'est évidemment celle qui s'inspire du nom même de
l'établissement, c'est-à-dire celle qui consiste à imiter le plus possible des
procédés d'éducation d'une mère intelligente et dévouée.

Comme on ne se propose pas, dans les écoles maternelles, de former ou
d'exercer un ordre de facultés au détriment des autres, mais bien de les développer toutes harmoniquement, on ne devra pas s'asservir à suivre avec ri-
gueur aucune des méthodes spéciales qui se fondent sur un système exclusif
et artificiel. On s'appliquera, au contraire, en prenant à toutes les méthodes
particulières leurs exercices les plus simples, à former à l'aide de ces deux
éléments un cours d'éducation et d'instruction qui réponde aux divers besoins
des petits enfants et mette en jeu toutes leurs facultés. Les exercices qu'elle
comprend doivent être très variés : la leçon de choses, la causerie, le chant.
les premiers essais de dessin, de lecture, de calcul, de récitation, partagent
le temps avec les exercices du corps, les jeux de toutes sortes et les mouvements gymnastiques. C'est une méthode essentiellement naturelle, familière.
toujours ouverte à de nouveaux progrès, toujours susceptible de se compléter
et de se réformer. »

emporte les maîtresses vers l'école primaire, *les connais-sances sur les objets usuels*, inscrits au règlement du 2 août 1881, ont pris un développement invraisemblable et déraisonnable. Non seulement on a prétendu initier les enfants à la nature de chaque objet, aux matières premières qui entraient dans sa fabrication, mais aux procédés de fabrication eux-mêmes; l'écriture et la lecture se sont transformées en « pages de copie », en dictées, en leçons apprises dans les livres; grâce aux notions d'histoire naturelle, de géographie et d'histoire de France, les pauvres bambins ont parlé — comme des perroquets — des bimanes, des granivores; ils ont récité les départements de la France sans aucun préjudice, hélas! pour les exploits de Vercingétorix et de Bayard, et pour les inégalités de la répartition de l'impôt avant 1789.

C'était intolérable, et nous avons tenté un nouvel effort. Le programme du 18 janvier 1887 comprend, ainsi que nous le disions au début :

1° Des jeux, des mouvements gradués accompagnés de chant;

2° Des exercices manuels;

3° Les premiers principes d'éducation morale;

4° Les connaissances usuelles;

5° Des exercices de langage, des récits, des contes;

6° Les premiers éléments du dessin, de la lecture, de l'écriture et du chant.

En comparant ce décret de janvier 1887 avec celui du décret du 12 août 1881, des modifications de la plus haute importance sautent d'abord aux yeux.

Le développement physique étant la base de l'éducation, le programme débute par les exercices physiques, placés à la fin dans le programme du 2 août; l'enfant exerce d'abord ses jambes, ses bras, sa voix, ses sens, par les jeux, les mouvements gradués, les chants; il devient adroit de ses mains et développe son goût par les exercices manuels.

En jouant avec ses camarades, en mangeant et en travaillant à côté d'eux, il apprend à vivre en société; sa conscience s'éveille, les premiers principes de morale lui sont révélés. Sans entendre jamais une *leçon* de morale, il comprend peu à peu qu'il ne doit être ni accapareur, ni brutal, ni égoïste, ni indolent, qu'il doit aimer ses parents, ses maîtresses et leur obéir. Jour après jour, il s'élèvera à la générosité et à la douceur, à l'amour du travail, à la confraternité, à la bonté. Il doit savoir *cela* avant de savoir lire et écrire; mais il ne peut l'apprendre qu'autant que son développement physique le lui permet. Il est donc logique d'avoir mis en seconde ligne dans la nouvelle loi ce qui était en troisième ligne dans celle que le Parlement a récemment abrogée.

L'éducation intellectuelle vient ensuite, mais allégée, réduite à sa plus simple expression, le programme n'existant que pour indiquer des sujets de causerie... quand l'occasion s'en présentera.

Oh! cette fois nous touchons au port... Si toutefois les maîtresses veulent bien donner le coup de grâce à la « méthode », si elles veulent bien comprendre qu'il est insensé et coupable de vouloir instruire dans le sens précis du mot des enfants de deux à six ans. Quelques-unes entrent admirablement dans nos vues; il faut que toutes les suivent.

Le centenaire de la Révolution française est une date de choix pour proclamer les droits de l'enfant.

PRÉPARATION DU PERSONNEL DES ÉCOLES MATERNELLES.

Les premières «conductrices de la tendre jeunesse» n'avaient pas été méthodiquement préparées à leur tâche; elles n'y avaient même pas été préparées du tout. C'est spontanément que Sara Banzet avait réuni les enfants de son village pour leur apprendre à tricoter et pour causer avec eux. Or causer avec eux n'était pas chose facile; c'étaient de petits sauvages ne parlant qu'un patois informe, où les sons gutturaux de la Suisse se mêlaient à l'accent traînard du pays de Montbéliard. On ne nous dit pas que Sara Banzet, que Louise Scheppler, qu'Oberlin lui-même aient inventé des procédés empiriques pour les familiariser peu à peu avec le français. On causait en tricotant dans la chambre spacieuse; on causait en cueillant des fleurs dans la campagne. On causait, parce que l'on était en vie.

Les religieuses qui, en 1801, en 1826, en 1828, ont été chargées de diriger les salles d'asile de la rue de Miroménil, celles des Ménages et celles de la rue des Martyrs avaient-elles fait des études spéciales? J'en doute; ce qu'il y a de sûr, c'est qu'en 1836 les vingt maîtresses ou maîtres (car il y avait des hommes autrefois dans les salles d'asile!) employés dans les salles d'asile de Paris, n'avaient «aucun certificat de capacité délivré par aucune commission d'examen, et qu'ils avaient seulement été instruits par l'inspectrice du comité des dames». Quelle influence avait cette inspectrice? M. de Cormenin avouait alors que «le personnel congréganiste acceptait difficilement la surveillance des femmes du monde et même celle des hommes laïques».

En 1837, le 22 décembre, une ordonnance du roi fut promulguée :

« Tout candidat aux fonctions de surveillant ou de surveillante d'asile, outre les justifications de son âge, devra présenter les pièces suivantes :

« 1° *Un certificat d'aptitude.*

« Le certificat d'aptitude est délivré, conformément à la loi du 28 juin 1833, après les épreuves soutenues devant les commissions d'examen spécifiées au titre suivant :

« Les commissions d'examen seront prises parmi les dames inspectrices dont il sera parlé au titre suivant[1] :

« Il sera institué une commission supérieure d'examen pour les salles d'asile, chargée de rédiger pour tout le royaume le programme des examens d'aptitude, celui de la tenue des salles d'asile, des soins qui y seront donnés et des exercices qui y auront lieu. Ces programmes seront soumis à notre Conseil royal de l'instruction publique, et devront être approuvés par notre Ministre de l'instruction publique... La commission supérieure pourra également, sous l'autorité de notre Ministre, préparer toutes les instructions propres à propager l'institution des salles d'asile, à assurer l'uniformité des méthodes et à fournir des directrices pour le premier établissement des salles d'asile qui seront fondées soit par les particuliers, soit par les communes. »

Or, comme l'année suivante (24 avril 1838) nous

---

[1] Des dames inspectrices seront chargées de la visite habituelle et de l'inspection journalière des salles d'asile. Il y aura une dame inspectrice pour chaque établissement. Elles pourront se faire assister par des dames déléguées qu'elles choisiront ; elles feront connaître leur choix au maire, à la diligence de qui les comités en seront informés.

voyons apparaître les gradins, les bancs rivés au sol, les cercles peints sur le plancher (cercles destinés à l'enseignement mutuel de la lecture avec des moniteurs de cinq à sept ans!) et le claquoir, cet instrument de supplice qui nous torture encore, ici et là, nous pouvons rendre responsable de la « méthode » cette commission supérieure de 1837. Ah! son œuvre pour n'avoir pas été féconde a été durable. Elle est restée jusqu'en 1881 une sorte d'institution d'État, et ceux qui s'étaient juré de l'extirper, et l'État lui-même qui leur en a dès lors généreusement fourni les moyens, ont été traités de révolutionnaires dans le sens le moins honorable du mot.

« Cet examen du certificat d'aptitude se compose : 1° d'un examen pratique; 2° d'un examen d'instruction.

« L'examen pratique se compose d'un nombre indéterminé d'épreuves qui auront lieu dans les salles d'asile désignées par la commission d'examen en présence de trois personnes, au moins, membres ou délégués des commissions d'examen.

« L'examen d'instruction aura lieu en présence de cinq membres au moins, de la commission d'examen, qui statueront, après avoir entendu le rapport des personnes déléguées pour l'examen pratique; il portera sur les matières d'enseignement qui sont attribuées aux salles d'asile (instruction religieuse, lecture, écriture, calcul, chant, travaux d'aiguille). (22 décembre 1837, 6 février 1838.) »

Le décret du 21 mars 1855 modifie la composition de la commission d'examen : « L'inspecteur d'académie, président; un ministre du culte professé par l'aspirante, un membre de l'enseignement public ou libre; deux dames patronnesses des asiles, un inspecteur de l'enseignement primaire faisant les fonctions de secrétaire. Cette commission est nommée par le Ministre sur la proposition du préfet.

« L'examen se compose de deux parties distinctes : 1° un examen d'instruction; 2° un examen pratique [1]. L'examen d'instruction comprend : l'histoire sainte, le catéchisme, la lecture, l'écriture, l'orthographe, les notions les plus usuelles du calcul et du système métrique, le dessin au trait, les premiers éléments de géographie, le chant, le travail manuel.

« L'examen pratique a lieu dans une salle d'asile. Les postulantes sont tenues de diriger les exercices de cette salle pendant une journée. »

En 1881, nouvelle modification de la commission d'examen; les ministres du culte n'y figurent plus, ni les dames patronnesses, mais les membres de l'enseignement public ou libre sont plus nombreux, et un nouvel élément précieux y prend place : l'inspectrice départementale.

L'examen se compose de deux parties distinctes :

1° Un examen d'instruction;

2° Un examen pratique.

L'examen d'instruction comprend :

Des épreuves écrites, des épreuves orales.

Épreuves écrites :

« 1° Une dictée d'orthographe de vingt lignes environ, tirée d'un texte simple et facile; la dictée sert d'épreuve d'écriture;

2° La solution raisonnée de deux questions d'arithmé-

----

[1] L'instruction vient cette fois en première ligne; on commence à se douter que la culture intellectuelle doit aider à la bonne direction des enfants.

tique portant sur les applications du calcul et du système métrique ;

3° Une rédaction d'un genre simple (lettre, récit, rapport) ;

4° Un dessin au trait sur ardoise, d'après un objet usuel.

Les aspirantes exécuteront, en outre, des travaux à l'aiguille.

Épreuves orales :

1° Principes d'éducation morale ;

2° Lecture, explication du texte et questions de grammaire ;

3° Géographie : notions générales, géographie de la France ;

4° Histoire de France (grands faits et grands hommes) ;

5° Notions élémentaires d'histoire naturelle et d'hygiène applicables aux leçons de choses [1] ;

6° Chant (un exercice sur un chant très simple).

L'examen pratique a lieu dans une école maternelle préalablement désignée, et où les aspirantes ont le droit d'assister aux exercices deux jours avant l'examen.

Cet examen se compose des exercices ordinaires de l'école ; il est accordé une heure pour la préparation de la leçon.

L'aspirante doit remplir les fonctions de directrice pendant une partie de la séance, et celles de sous-directrice pendant l'autre partie.

Une heure est donnée à chaque aspirante pour préparer sa leçon ; les sujets sont tirés au sort [2]. »

---

[1] La gradation intellectuelle s'est encore sensiblement accentuée.

[2] Jusqu'alors l'aspirante arrivait avec son sujet choisi par elle et sa leçon préparée à l'avance. Ce sujet choisi était parfois son bagage exclusif.

ÉCOLES NORMALES
POUR LES SALLES D'ASILE ET LES ÉCOLES MATERNELLES.

La création d'une école préparatoire était la conséquence logique de l'institution du certificat d'aptitude. Cette
école, œuvre de charité privée, fut ouverte rue Neuve-
Saint-Paul. En 1847, on l'appela *maison d'études provisoire
pour les salles d'asile*. La direction en fut confiée à Mlle Car-
pantier (depuis Mme Pape).

En 1848, la *maison d'études* reçut un caractère public et
changea de nom : « Il est institué, près l'Académie de Paris,
une *école maternelle normale* pour l'instruction des fonction-
naires des écoles maternelles ; il s'y fera, tous les ans, deux
cours de quatre mois chacun, y compris les examens. »

En 1852, l'*école normale maternelle* devient le *cours pratique des salles d'asile* ; enfin, en 1878, le cours pratique
reçoit le nom d'*école Pape-Carpantier*, nom qui lui revenait de
droit, puisque Mme Pape-Carpantier le dirigeait depuis 1847.

Mais grâce à la forte impulsion donnée aux écoles maternelles depuis 1878, cette école Pape-Carpantier devint
bientôt insuffisante à la préparation du personnel et le
27 juillet 1882 fut promulgué un décret portant organisa-
tion de cours normaux pour la préparation des directrices
d'écoles maternelles :

ARTICLE PREMIER. Des cours normaux, pour préparer des directrices
d'écoles maternelles, seront annexés aux écoles normales d'institutrices.

ART. 2. Les élèves sont admises au concours ; le nombre des élèves
à admettre est fixé chaque année par le Ministre, sur la proposition
du recteur.

ART. 3. Le régime des cours normaux est l'externat. L'enseignement est gratuit.

Les élèves seront logées dans des familles ou des institutions, les unes et les autres agréées par l'Administration. Il pourra être pourvu à leur entretien au moyen de bourses fournies par l'État, par les départements et par les communes.

Art. 4. La durée du cours est d'une année scolaire.

Art. 5. Les conditions de l'examen d'admission sont les mêmes que celles qui ont été déterminées par l'arrêté du 6 janvier 1882, pour l'admission des élèves-maîtresses dans les écoles normales.

Art. 6. Les personnes appartenant à l'enseignement public ou libre et pourvues du brevet élémentaire, ainsi que les directrices et sous-directrices d'écoles maternelles publiques actuellement en fonctions, pourront être admises à suivre temporairement les cours.

Art. 7. Le programme d'enseignement, dans les cours normaux, comprend :

1° Un cours d'instruction générale portant sur les matières du cours de première année des écoles normales d'institutrices;

2° Un cours de pédagogie : principes généraux d'éducation, étude des méthodes et des procédés d'enseignement particulièrement applicables à l'éducation de la première enfance;

3° Des exercices pratiques dans l'école maternelle annexée à l'école normale.

Enfin, comme corollaire du décret précédent, l'école Pape-Carpantier fut réorganisée et devint l'École normale supérieure de l'enseignement maternel.

DÉCRET DE RÉORGANISATION.

Article premier. L'école Pape-Carpantier sera désormais destinée à former des directrices et des professeurs pour les cours normaux des écoles maternelles institués dans diverses académies, soit comme établissements indépendants, soit comme annexes de l'école normale d'institutrices.

Art. 2. L'école est gratuite; elle se recrute au concours; elle est entretenue au moyen de bourses fondées par l'État, par les départements ou par les particuliers.

Art. 3. Les aspirantes doivent remplir les conditions suivantes :

1° Avoir vingt ans au moins et trente ans au plus dans l'année où elles se présentent ; des dispenses d'âge pourront être accordées ; aucune aspirante ne sera admise à se présenter plus de trois fois ;

2° Être pourvues du certificat d'aptitude pédagogique ;

3° Avoir contracté l'engagement de se consacrer pendant dix ans à l'enseignement public.

Art. 4. L'examen d'admission comprend trois séries d'épreuves :

Épreuves écrites, éliminatoires (au chef-lieu du département, sous la présidence de l'inspecteur d'académie), savoir :

1° Une composition sur une matière prise dans le programme des écoles maternelles ;

2° Une composition sur une question de méthode appliquée à l'éducation de la première enfance.

Trois heures sont accordées pour chaque composition ; les textes sont envoyés par l'Administration centrale ; les épreuves sont corrigées et l'admissibilité prononcée par une commission siégeant à Paris.

Épreuves orales, consistant en interrogations, lecture expliquée et correction d'un devoir d'élève-maîtresse ;

Épreuves pratiques, consistant en leçons faites dans une école maternelle ou dans une classe enfantine.

Art. 5. Toute aspirante admise après concours à l'école de Fontenay peut opter pour l'école Pape-Carpantier et y entrer sans nouvel examen.

Art. 6. Le cours d'études de l'école sera d'une année ; il sera suivi d'un examen de sortie auquel toutes les élèves devront se présenter.

Art. 7. Le programme d'enseignement de l'école comprendra :

1° Un cours de psychologie et de morale appliquées à l'éducation et un cours d'histoire critique des doctrines pédagogiques, portant particulièrement sur l'éducation de la première enfance ;

2° Des cours sur les diverses matières enseignées dans les cours normaux des écoles maternelles ;

3° Des conférences et des exercices pratiques, tant à l'école même que dans les écoles maternelles et les classes enfantines ;

4° Des notions sur la législation et l'administration des écoles maternelles et des classes enfantines.

J'ai dit « enfin » tout à l'heure, et cependant je n'ai pas fini de raconter notre marche en avant dans la préparation du personnel de nos écoles maternelles. — Oh! je serais désolée d'avoir fini! — C'était si peu fini que les directrices d'écoles maternelles, après avoir été assimilées, comme traitement, aux institutrices par le décret du 10 octobre 1881, leur ont été assimilées au point de vue pédagogique par le décret du 14 juin 1884. A cette date, en effet, « les écoles normales primaires sont des établissements destinés à former des instituteurs ou des institutrices pour les écoles publiques (*écoles maternelles*, écoles primaires élémentaires et écoles primaires supérieures) », et « une *école maternelle* doit être annexée à chaque école normale d'institutrices ».

Ce résultat était impatiemment attendu par quelques-uns d'entre nous, qui y travaillaient non seulement dans l'intérêt des écoles maternelles, mais dans l'intérêt des écoles primaires, en un mot dans l'intérêt des enfants de deux ans à douze ans, et voici pourquoi :

Où la plupart de ceux qui ont entendu parler des écoles maternelles n'y voient qu'un grand nombre d'enfants à garder, à nettoyer, à faire évoluer dans un espace plus ou moins restreint; où d'autres n'y voient que des enfants à préparer à l'école primaire; nous voyons, nous, un établissment d'éducation première d'où dépendra le développement ultérieur de l'individu, le développement de son corps, celui de son cœur, celui de son esprit. Or nous sommes persuadés que pour préparer ce développement de l'individu, il faut des maîtresses réellement cultivées, ayant une culture générale suffisante, pour pouvoir ensuite se spécia-

liser sans se diminuer. Nous pensons, en outre, que le
partage des maîtresses en deux catégories dont chacune
serait condamnée à ne connaître l'enfant que d'un âge
déterminé à un autre âge déterminé (les unes de 2 ans à
6 ans, les autres de 6 ans à 13 ans) frapperait tous nos
efforts de stérilité, autant à l'école primaire qu'à l'école
maternelle. D'une part, nous aurions des directrices d'écoles
maternelles internées, cadenassées dans l'étude de l'enfance de 2 à 6 ans, s'efforçant de préparer leurs petits pu-
pilles à des évolutions morales et intellectuelles qui leur
seraient complètement étrangères, et faisant par conséquent de l'empirisme ; d'autre part, nous aurions à tout
jamais un personnel d'institutrices recevant des « arrivages »
d'êtres inconnus, parvenus à un certain degré de développement par des procédés qu'elles ignoreraient et qui, obligées de travailler sans base d'observations personnelles,
feraient, elles aussi, de l'empirisme. Inconscientes les unes
et les autres de cette lacune, elles continueraient à donner
des « leçons », à être des « profeseurs », et l'éducation serait
encore sacrifiée à l'instruction.

C'est pourquoi nous avons voulu l'assimilation intellectuelle, et nous l'avons aujourd'hui.

Alors, nous sommes satisfaits ? Non, non, non ! L'école
normale ne nous donnera ce que nous en espérons que lorsque l'on n'y préparera plus aucun brevet, lorsque l'on n'y
étudiera plus que les enfants et la manière de les cultiver ;
mais nous parviendrons aussi à cela.

Et nous ne sommes pas satisfaits non plus lorsque nous
examinons la situation de notre personnel des écoles maternelles. L'assimilation tant désirée n'est encore qu'un leurre,
parce que l'État seul rétribue également les directrices

d'écoles maternelles et les institutrices, tandis que les municipalités, relativement généreuses pour ces dernières, sont pour les premières d'une parcimonie désolante. Et cependant la tâche de nos directrices est presque écrasante. Il faudrait non seulement les rétribuer largement, mais il faudrait en doubler, en tripler le nombre dans chaque école. Nous leur devons beaucoup, parce que nous leur demandons beaucoup et qu'elles nous donnent beaucoup. D'ailleurs, ce qui a été fait jusqu'ici doit leur être un sûr garant de ce qui se fera.

En 1855, le traitement minimum des directrices (traitement payé sur les fonds communaux) était de 250 francs; il se monte aujourd'hui à 800 francs payés par l'État. Ce traitement est plus que doublé dans certaines villes[1].

SURVEILLANCE ET INSPECTION.

Les salles d'asile sont, sans contestation possible, une œuvre féminine. Ce sont des femmes qui les ont organisées à Paris et, tout naturellement, un *comité de dames* surveilla ces établissements pendant un certain nombre d'années.

Cependant, en 1835, un conflit d'attributions ayant éclaté entre le comité central de l'instruction publique,

---

[1] TRAITEMENT ACTUEL MAXIMUM DES DIRECTRICES.

Paris	3,450 francs.
Lyon	2,500
Marseille	1,600
Bordeaux	1,800
Lille	1,300
Saint-Étienne	1,800
Calais	2,400

Cette petite statistique est dédiée à ceux qui nient les progrès que nous avons faits.

qui se plaignait de n'avoir aucun droit sur les salles d'asile, et le comité des dames, une ordonnance prescrivit aux inspecteurs primaires de les comprendre au nombre des établissements qu'ils devaient visiter.

L'année suivante (6 avril 1886), une circulaire classait les salles d'asile parmi les établissements relevant du Ministère de l'instruction publique. Elles étaient soumises à l'autorité des comités locaux et d'arrondissement institués par la loi du 28 juin 1833.

Le 22 décembre 1837, l'administration et la comptabilité des salles d'asile restaient aux municipalités; les comités locaux d'arrondissement exerçaient tous les droits que leur avait conférés la loi à l'égard de l'enseignement primaire et des *inspectrices* étaient chargées, sous l'autorité de ces comités, de la surveillance des salles d'asile et de la distribution des secours.

La même année, une inspectrice permanente, avec le titre de déléguée générale, fut nommée pour inspecter toutes les salles d'asile du royaume.

En 1848, les salles d'asile furent spécialement soumises à la surveillance des inspecteurs et des sous-inspecteurs de l'instruction primaire.

En 1855, le Ministre de l'instruction publique et des cultes fut autorisé à déléguer, suivant les besoins du service, pour l'inspection des salles d'asile, dans chaque académie, une dame rétribuée sur les fonds de l'État. A cette époque, l'inspection générale des salles d'asile comptait deux déléguées, et chaque académie avait sa déléguée spéciale.

En 1872, le nombre des déléguées générales était porté à 4.

En 1879, il était élevé à 8, mais les déléguées spéciales étaient supprimées en principe, et remplacées par les inspectrices départementales.

La loi d'octobre 1886 consacre l'inspection départementale des écoles maternelles et a conservé quatre inspections générales :

« Nulle ne peut être inspectrice générale sans avoir au moins 35 ans d'âge et cinq ans de service dans l'enseignement public ou libre et sans être pourvue : 1° du brevet supérieur; 2° du certificat d'aptitude pédagogique; 3° du certificat d'aptitude à l'inspection des écoles maternelles.

« Nulle ne peut être nommée inspectrice départementale sans avoir 30 ans d'âge et trois ans de service dans l'enseignement public ou libre, et sans être pourvue : 1° du brevet supérieur ou, à son défaut, du brevet élémentaire complété par le certificat d'aptitude pédagogique; 2° du certificat d'aptitude à l'inspection des écoles maternelles.

« Les inspectrices départementales visitent deux fois par an, au moins, les écoles maternelles de leur ressort [1] et adressent à l'inspecteur d'académie un rapport spécial sur chaque école, à la suite de chaque inspection.

« Elles donnent leur avis sur la nomination et la révocation des directrices et sous-directrices d'écoles maternelles publiques [2], ainsi que sur les récompenses qui peuvent leur être accordées.

Comment raconter maintenant que cette inspection féminine, datant de plus de quatre-vingts ans, plusieurs fois consacrée par la loi, depuis 1837 jusqu'à 1886, est encore

[1] Écoles maternelles publiques et écoles maternelles libres, mais l'inspection de ces dernières ne vise que l'hygiène et la morale.

[2] La nomination du personnel des écoles maternelles est faite par le préfet.

tolérée plutôt qu'acceptée par la majorité des individus qui, en France, s'occupent de l'éducation populaire? (Heureusement que la minorité compte les personnalités les plus distinguées!) Les inspectrices générales... passe encore; quant aux inspectrices départementales, elles existent surtout sur le papier; c'est à peine si une douzaine de départements sont inspectés par des femmes. Or, si les inspectrices générales ne sont pas mortes, si les inspectrices départementales sont nées, ce n'est pas la faute des objections sous lesquelles on a tenté de les enterrer.

Cette nouveauté (une nouveauté datant de quatre-vingts ans!) des femmes dans l'administration paraît subversive à un grand nombre de personnes. Les mieux intentionnées trouvent déplorable, sinon immoral, qu'une femme quitte son foyer, pour aller inspecter des écoles. Certes, en principe, ce serait inhumain, si la chose se généralisait; mais il n'y aura jamais un nombre considérable d'inspectrices. Or, combien de centaines et de centaines de femmes sont forcées de quitter leur foyer, soit pour ne pas mourir de faim, soit pour conserver l'existence de vieillards incapables de travail, soit pour sauvegarder l'éducation de leurs propres enfants!

Ensuite, « l'inspection féminine n'est pas en honneur, dit-on, d'abord aux yeux du personnel féminin lui-même, ce qui est absolument faux, sauf des exceptions peu honorables, ensuite aux yeux de l'inspection masculine ». Cette objection, trop fondée il y a quelques années encore, me paraît avoir beaucoup perdu de sa valeur: j'ai le plaisir de connaître un grand nombre d'inspecteurs disposés à traiter avec une confraternité pleine de courtoisie leurs collègues du sexe féminin.

Ensuite, l'inspection féminine n'a pas donné d'emblée

tout, mais là *tout* ce que l'on est en droit d'en attendre. Que de choses, hélas! en ce monde terraqué, ressemblent à l'inspection féminine! sans compter l'inspection masculine. La faute, d'ailleurs, doit-elle en être attribuée *seulement* aux inspectrices? Nous n'oserions l'affirmer.

En tout cas, les inspectrices générales restent au budget et les inspectrices départementales y figureront bientôt, parce que les ministres et les directeurs de l'enseignement qui se sont succédé depuis bien des années ont été convaincus (et c'est leur grand honneur) que, lorsqu'il s'agit de l'éducation de l'enfant, il faut une sorte de don tout spécial que l'homme ne possède qu'exceptionnellement, tandis que la femme le possède presque toujours. Pour ne parler que de l'époque actuelle, on sait, au Ministère de l'instruction publique, que, pour fixer les règles de la pédagogie enfantine, si vagues encore, il faudra connaître intimement les tout petits, et que la femme seule, grâce à l'affinité qui existe entre elle et l'enfant, arrivera à cette connaissance intime; on sait, en outre, que, cette pédagogie enfantine une fois réglée, la femme seule pourra en inculquer les principes à tout le personnel, parce qu'elle seule saura prêcher l'amour dû à l'enfant et le respect dû à l'enfant de manière à faire naître la conviction dans les cœurs.

On sait même que l'éducation des filles doit être faite par la femme; que les difficultés qu'éprouvent les institutrices doivent être aplanies par les femmes. Aussi les inspectrices des écoles de filles sont-elles déjà prévues depuis quelques années.

En somme, pour cela encore, nous sommes plus que ne le ferait croire parfois la discussion au grand jour de nos

idées, nous sommes plus que nous n'en avons l'air les porte-
drapeaux du progrès européen.

CONCLUSION.

Au risque de paraître bien monotone, je me résume
ainsi :

L'école maternelle est absolument indispensable dans les
grandes villes et dans les centres industriels;

Elle deviendra obligatoire pour les enfants errants; notre
pays leur doit et se doit à lui-même cette innovation;

Elle exigera la fréquentation quotidienne pour les enfants dont les mères travaillent tous les jours et toute la
journée hors de la maison, et elle recevra les autres aux
heures où leurs mères ne peuvent pas s'en occuper.

Elle donnera aussi l'hospitalité, pendant les récréations,
aux enfants privés de frères ou de sœurs.

Malgré d'incontestables progrès, la méthode laisse beaucoup à désirer.

Mais nous nous égarons, j'en suis convaincue, lorsque
nous nous comparons avec l'étranger, avec la Suisse et la
Hollande entre autres.

Le chiffre de la population tout entière de la Hollande
n'est pas beaucoup plus élevé que celui de la population
parisienne. Amsterdam est moins peuplé que Lyon, et il
n'y a, après Amsterdam, dans tout le royaume, que deux
villes au-dessus de cent mille habitants. La bataille pour la
vie est infiniment moins âpre dans ce pays que dans le
nôtre; la misère est moins terrible que celle de nos grands
centres industriels; la Suisse est une terre patriarcale. C'est
dans ces pays, semble-t-il, que l'enfant devrait s'ébattre

constamment en liberté. En tous cas, les écoles y sont tout naturellement moins peuplées que chez nous; et beaucoup de nos tâtonnements ont, par cela même, été épargnés aux éducateurs.

L'Angleterre seule peut nous servir de terme de comparaison. J'ai visité les *infant schools* de Londres, il y a quelques années; j'y ai vu des choses très intéressantes, mais j'en ai vu d'autres qui m'ont fait regarder avec attendrissement et fierté de ce côté du détroit; car elles m'ont fait oublier que, si dans trop de localités nos petits enfants marchaient encore au son du claquoir, ils trouvaient au moins à l'école maternelle des repas chauds pour réconforter leur pauvre petit corps, et de chaudes caresses pour réconforter leur cœur.

TABLE DES MATIÈRES.